多肉植物

エケベリア
ハイブリッド
ECHEVERIA　HYBRIDS

監修　羽兼直行
Naoyuki Hagane

コスミック出版

はじめに

『多肉植物エケベリア 原種とハイブリッド1000種』を出版してから約4年が過ぎ、2018年に改訂版を出版したときに訂正や新しい情報を盛り込みました。エケベリアの世界では、新しい情報や新種のハイブリッドがいまも誕生し、多くの多肉植物ファンが増え続けています。

エケベリアを楽しむ仲間たちが増え続けているわけです。

世界の中でも、エケベリアのハイブリッドを楽しんでいるのはアジア圏の人たちで、とりわけ日本はその筆頭です。アメリカでは全盛期も終わり、後継者がいません。ヨーロッパでも、ハイブリッドのクリエイターは数人しか存在しません。

近い将来に、日本で生まれた素晴らしいハイブリッドたちが世界に羽ばたくときがくると思います。

そのときに、この本がその一翼を担えることができれば幸いです。

サボテン相談室　代表　羽兼直行

進歩するエケベリアの研究

　近年メキシコの近隣諸国、ベネズエラ、エクアドル、ペルー、チリ、ボリビア、パラグアイなどからエケベリアの新種が報告されています。

　メキシコから中央アメリカ、南アメリカと陸続きの国同士なので、すでに承認されている原種とおなじ植物の地方変種の可能性を含んでおり、白い花の咲くエケベリアなどの興味深い新種が、研究家の手によってデビューする日を迎えようとしています。

　一方、各方面機関の情報の再調査により、原種の名前の変更なども毎年報告されて、ラベルの書き換えや書籍の訂正などの作業が悩みの種です。

　これからは、いままでの資料の再検討などによる名前の変更に変わり、DNA鑑定で確定できるようになり、いっそう名前の変更があると予想されます。

　いずれにしても、植物の研究が進められ、学者の意見によって名前が修正され分類されますが、植物自体は何も変わりません。

　植物がそれらの説明を読むことはないのです。

多肉植物エケベリア初版発行（2016年5月）から現在（2020年2月）までのエケベリアの名前の変更

シノニムは同種の別名、たいていは使われなくなった名前のことをいう。

本書の中では、一部のエケベリアの名前を種子購入時のままで使っています。

	変 更 1	変 更 2	変 更 後
1	agavoides 'Red Edge'		agavoides 'Multifida'
2	agavoides 'Lipstick'	agavoides 'Red Edge'	agavoides 'Multifida'
3	'Apus'		pulidonis, Veracruz
4	cuspidata, Menchaca		Cuspidata（Menchacaのみの表記は間違い）
5	Dharma pridonis		pulidonis, Veracruz（丸葉）
6	elegans hyalina		hyalina
7	,La Paz		hyalina,La Paz（優型 La Paz）とする
8	hyalina		hyalina （アジア圏で昔から栽培されているタイプ）
9	hyalina Australia		spec.（現時点で種として同定されていない。 韓国ではメキシコミニマとされているらしい）
10	halbingeri var halbingeri	halbingeri var halbingeri 名前はそのままだった	のちに、この名前の植物は原種としては認められないと発表された。
11	halbingeri var sanchez-mejoradae. Ahualulco. San Luis Potosi		hyalina,Ahualulco.S.L.P
12	halbingeri var sanchez-mejoradae. San luis de La Paz		hyalina,San Luis de La Paz
13	halbingeri var sanchez-mejoradae. Pinal de Amoles		hyalina,Pinal de Amoles
14	halbingeri var. sanchez-mejoradae （sanchez-mejoradaeのシノニム）	sanchez-mejoradaeは 無効名だと判断される	hyalina
15	peacockii（desmetianaのシノニム）		desmetiana
16	peacockii var. desmetiana		desmetiana
17	peacockii subsessilis		subsessilis または Subsessilis
18	rodolfii		rodolfoi
19	sessiliflora		pinetorum （sessilifloraはpinetorumのシノニムになる）
20	sessiliflora var. pinetorum		pinetorum
21	sessiliflora var.corallina		corallina（復元された）
22	sp. Gilo（間違い）	halbingeri var. sanchez-mejoradae,Gilo	hyalina,Gilo
23	sp.nova, Puebla		caamanoi,Puebla（まだ仮の名前）
24	sp. Real de catorce （この名前は Köhres の種子名）		Catorce
25	strictiflora,Bustamante	bustamante いったん種とされた	sp.Bustamante メキシコではE.Mamuliqueと呼ばれている
26	tamaulipana		walpoleana

プリドニスの現状

　いま、エケベリアの原産地メキシコでは、植物研究家のハビエル・メラ氏とメキシコ大学の研究チームで新たなフィールド調査が進められています。いままでに写真集や図鑑で紹介された植物の写真は限られた枚数で、たった一枚の基本種の表示で終わっていることが多いのです。

　みなさんも知っているように E.colorata（コロラータ）や E.cuspidata（クスピダータ）にはいくつかのタイプが存在します。花や種子、染色体の数など極めて似ている各個体が生息しています。

　ここに紹介したのはよくご存知の、E.pulidonis（プリドニス）の原種のいくつかです。生息地は Hidalgo と Veracruz で、Hidalgo の生息地の E.pulidonis は絶滅し、その後、発見されていません。もしみなさんの温室に生存しているなら貴重な宝物です。

　日本に昔からある花うららやダルマプリドニスも、極めて似たエケベリアが Veracruz に生息しています。

　また、長年 'Apus'（アプス）または 'White Christmas'（ホワイトクリスマス）として私が扱っていたエケベリアは、E.pulidonis, Veracruz と判明しました。この紙面を持って訂正とお詫びを致します。

◀E.pulidonis Hidalgo
写真提供　Javier Mera
（ハビエル・メラ氏）

▶

E.Dharma pulidonis

'Apus' とされてきたE.pulidonis, Veracruz
写真提供　Javier Mera（ハビエル・メラ氏）

'Apus' 'White Christmas' とされてきたE.pulidonis, Veracruz
サボテン相談室内で育成されている苗

生息地では

　木陰や岩の陰、朝日しか当たらない山の斜面を好み、苔類とともに生きています。
これは生息地の実態で、私たちのエケベリアの実生や栽培の参考になります。

苔と一緒に生えている *E.secunda*
写真提供　Köhres Kakteen

岩の上に生えた苔の上で発芽し、
成長するエケベリアの原種たち。
▲▼写真提供　Javier Mera（ハビエル・メラ氏）

苔の上で発芽して成長し、共存して成長します。
▲▼写真提供　Javier Mera（ハビエル・メラ氏）

▲写真提供　Javier Mera（ハビエル・メラ氏）

実生のすべて

　エケベリアを増やすには、葉挿しやカット苗の挿し木、また組織培養での大量繁殖の方法がありますが、それらの方法ではクローンの苗しか作ることができません。

　新しい個体を作るには、まず実生のテクニックを知ることが必要です。

　この本では写真と説明文で、エケベリアのハイブリッドの作り方をわかりやすく解説しています。

　実生をする前に注意することがいくつかあります。

　①親にするエケベリアは名前などの素性のしっかりした苗を選ぶ。

　②2つ以上の別の苗（クローンの苗ではないもの）同志で交配をする。クローン苗同士の交配は自家受粉することになるので、タネが結実する確率が低くなることを知っておきましょう。

　③母親の名前を前に書き、父親の名前を後にかく。
　　例えば *Echeveria laui* × *Echeveria colorata* とラベルに書き、その苗の血統を明記する。
　　交配を「×」印で表現していますが、これはバツではなく、クロスと言い表すのが正しい国際標準になります。

　④交配に使用した親の名前がおなじで、交配式もおなじであっても名前は新しく別名を付けてよい。

以上のマナーを守り、交配種を作ることが望ましいのです。
とにかくはじめてみましょう。

交配・実生の手順
掲載したハイブリッド作出者のアンケート結果も参考にさせていただいています。

❶母親にする多肉の花が開花したら、自家受粉しないように雄しべは取り去る。

交配する際、花びらを取り去ってしまう人とそのままにする人とは分かれる。花びらを取る理由は、邪魔だからなので、どちらでもよい。花びらを取る人と取らない人は4対4。

交配したい多肉の開花に時間差があるときは、花粉を冷凍保存するのも有効な手段だ。父親にしたい多肉の花粉を保存してさえおければ、いつでも母株との交配が可能になる。

花粉の保存は、雄しべの先の花粉のみ保存する人はアンケートで6人、雄しべごと保存する人も2人いた。

保存するときは、花粉がよい状態になってから取る（肌理が細かくモフモフがよい状態。ピンセットで触ると縦割れするのはまだ熟していない）。

❷父親にする多肉の雄しべから花粉を摘んで、母親にする多肉の雌しべに付ける。全員ピンセット使用。

❸交配した花には交配式を記入した札を付ける。
母親を先に記入する決まりになっている。
タネができる日数の目安になるかもしれないので日付を記入してもよい。
重たい素材だと花が取れてしまうこともあるので軽い素材のものを使うほうがよい。

❹タネができたら採取する。
鞘が星型に弾けるものと弾けないもの、おもに2つに分かれる。
鞘がふくらんできたのを採取の目安にする方が多かった。
タネができているかどうかよくわからないときは、花茎との付け根まで十分枯れるまで待つ。

❺まったく開かない、タネができているかわからない
ものもある。
指でつまんでみて、実が固いものはタネができている
場合が多い。
柔らかくつぶれてしまうものは、不捻（タネが形成さ
れていない）の場合が多くなっている。

❻花粉の保存には、ドラッグストアなどで売られ
ている粉薬を飲むための溶けるカプセルを使用す
るのが一般的。**冷凍庫**で保存する。
ほとんどの人が花粉を保存して、自由に交配して
いる。

❼収穫したタネをすぐにまかない場合は、「薬包
紙」などの紙にくるんで冷蔵庫で保存しておくと
よい。
タネがいつまで使えるかははっきりしていないが、
2014年から5年間**冷蔵庫**保存したタネも発芽して
いる。

❽タネをまく鉢を用意して、土を入れる。
ほとんどの方が、土は種まき用土を使用。粒は細
かいものがよい。
種まき用土には肥料分が配合されていることが多
いので便利。
特別、加熱殺菌も薬剤処理もしなくても発芽する。
半分くらいまで赤玉でかさ増ししてもよい。

❾採取したタネを土の上にまく。鉢いっぱいに均
等にまいて、土はかぶせない。交配式を記入した
札を付ける。鉢を水を張ったプラスチックの容器
などに入れ、半日陰か50％の遮光下に置く。
タネは、気温が安定している春か秋にまく人が多
かったが、温度が維持できるなら一年中実生できる。

❿3日〜1週間、長いものでは、3週間くらいで芽が出てくる。
芽が出たら、置き場を変えるなどして、徐々に光を強くして慣らしていく。

⓫苗が育って、鉢が狭くなったら、大きめ
の鉢に植え替える（鉢増し）。

⓬人それぞれだが、ある程度の大きさに
なったら、ひとつずつ苗をバラして植え替
える。頭をカットして根が出たら植えるの
もよい。残した茎から芽が出て増える可能
性もある。

⓭種まき用土に肥料分があるため、コケが生えて
しまうこともある。
苗の成長が遅い場合、コケのほうが成長が早くな
るので、苗がコケに負けてしまう。

薬剤は成長を遅くする可能性も否定できないので、
使う場合はある程度育ってからにする。
コケの仮根（根っこ）は意外に深く、地表を覆い
尽くしている。
アンケートでも、ピンセットでコケを取る人のほ
うが多い。
一番効果的なのは植え替えなのだが、小苗すぎる
場合はむずかしい。

結実しづらいエケベリアもあります。

　有名な交配親のはずのラウイは、父親にはなりやすいのですが、母親にしようとすると交配が成功しづらいです。

　もうひとつ、以前から日本で流通しているチワワエンシスは、花がなかなか咲きませんし、母親にしているハイブリッドも少ないのです。

　それらは、交配のタイミングがわかりづらい種類で、母株の雌しべの先に蜜が出たのを確認し、父株の雄しべに花粉がふわふわっと出ているタイミングで交配します。その微妙なタイミングがわかりづらい種類もあります。

　ラウリンゼ（ラウイ×リンゼアナ）を含めて、若い株は総じて結実しづらい気がします。ラ・コロ（ラウイ×コロラータ）のほうが圧倒的に結実するのです。

　どちらを使ってもおなじ感じになるのですから、どうしても作りたい場合は、ラ・コロを使うことをお勧めします。

名前の付け方

　個人で作った苗には気兼ねなく自由に名前を付けることができます。しかしいくつかのマナーに注意することが必要です。

　①すでにある名前は付けられない。

　　（はじめに付けた人に名前の優先権があります。信頼の置ける多肉のサイトや書籍を参考に、名前を調査する必要があります）

　②赤や青などの色単独の名前は付けられない。

　③各属の名前、例えば Sedum などの単独の名前は付けられない。

　④各原種の名前のフルネームは使えない。

　　例えば *E.agavoides* × *E.minima* の交配種に *E.'Agavoides-mini'* はNGで、正しくは *E.'Agavo-mini'* と *ides* を抜いて付けることはできます。

　⑤なによりもしてはいけないことは、無効名を付けることです。

　　（例えば、ロメオにトーラスやレッドエボニーという名前を付けること）

　　すでに名前の付いている植物に別の名前を付けて販売することは、詐欺行為にあたりますので気を付けましょう。

　未来に残る名前ですから、以上のことに注意をして、みんなが楽しめる名前を命名してほしいと思います。

索引

agavoides
× elegans, El Chico

アガボイデス
× エレガンス エルチコ

未命名
Created by 多肉アン

華やかな色が目を惹く交配種になった。エレガンス エルチコ
が、アガボイデスとの交配にいい結果をもたらしているようだ。
葉先が染まって、とても愛らしい交配種だ。

E.elegans El Chico
（エレガンス エルチコ）
夏に弱いことが難点。
紅葉した姿がおなじ雰
囲気でこのハイブリッ
ドの片親なのがよくわ
かる。

agavoides
× hyalina

アガボイデス
× ヒアリナ

Echeveria 'Raika' 雷火<ruby>らいか</ruby>
Created by 多肉アン

多数の葉が幾重にも重なったところは見事。どちらの親寄り
かというより、ヒアリナとアガボイデスの葉の特徴がうまく
融合して形成されていると思う。葉がグリーンのときも、葉
裏が染まり1年を通して楽しませてくれそうなハイブリッド
だ。
ロゼットは8センチほど。アガボイデス寄りの花が咲く。

アガボイデス寄りだ
が、花先の黄色がはっ
きり出たのはヒアリ
ナの遺伝子かと思わ
れる。

agavoides
× simulans, Lagna Sanchez

アガボイデス
× シムランス ラグナサンチェス

未命名
Created by 多肉アン

交配親として、数々の美しいエケベリアを作り出しているシムランス ラグナサンチェスは、相手の色に染まりやすいところが長所だと思う。このハイブリッドでは、適度なフリル感を残しているのが、好感が持てるところだ。互いの長所がほどよく出た交配になった。
ロゼットは8センチほど。アガボイデス寄りの花が咲く。

花はアガボイデスに近いものが咲いた。

agavoides 'Ebony'
× Graptopetalum **rusbyi**

アガボイデス エボニー
× ルスビー（和名 銀天女）

Graptoveria 'Hien' 炎燕
Created by 多肉アン

どちらかというとエボニー寄りのハイブリッドになっている。
ほかの人のおなじ交配で、銀天女寄りな姿になっている場合
もあり、交配の妙を感じる交配種になった。
エケベリアに近い姿だが、花にはしっかりとグラプトの特徴
が出ていて、銀天女に近い。

銀天女寄りのグラプトの花。

agavoides 'Romeo'
× elegans 'Kesselringiana'

アガボイデス ロメオ
× エレガンス ケッセルリンギアナ

未命名
Created by はなりき園

ケッセルリンギアナ交配は、容易には赤くならないようだ。
それでも丸っこい葉がぎゅうっと締まり、ロゼットを形成する姿はなんとも愛らしい。
全体的にみて、ロメオはどこにいるのか疑問になる。ケッセルリンギアナにはない爪がロメオのものと思われる。

実生小苗。

アガボイデス寄りの花だが、ケッセルリンギアナのように小さくて細くなっている。

agavoides 'Romeo'
× laui

アガボイデス ロメオ
× ラウイ

Echeveria 'Bonbon'　ボンボン
Created by はなりき園

売っていなくて、作るしかないと思ったそう。いまは多くの
人が作っていますが、あいかわらず赤いエケは人気が高い。
このロメオ交配は気温があがるにつれて紅葉する。日本では
紅葉というと冬のイメージだが、夏に紅葉するということを
教えてくれた交配種でもある。
小苗で水をたくさん吸い上げている間は夏でも白いときもあ
り、だんだん赤が際立ってくる。

花にはラウイの特徴的なガクが受け継がれている。

E. agavoides 'Romeo' × E. laui 'Aroa'
Created by Gerhard Koehres, Germany

agavoides 'Romeo'
× simulans, Ascension

アガボイデス ロメオ
× シムランス アセンシオン

未命名
Created by yukinkoa

この交配種には、アガボイデスの遺伝子が強く出ている。葉先が反り返る形状はシムランス アセンシオンのものと思われるが、フリルは出なかった。

花はアガボイデス寄りになった。

左は *E.agavoides 'Romeo'* × *E.simulans, Ascension*　右は *E.simulans, Ascension* × *E.agavoides 'Romeo'*

agavoides 'Romeo'
× simulans, Lagna Sanchez

アガボイデス ロメオ
× シムランス ラグナ サンチェス

Echeveria 'Majo' 魔女(まじょ)
Created by Naoyuki Hagane

赤いエケベリアのハイブリッドは、みんなが好きだと思う。
私も好きなので、赤い色素アントシアニンをたくさん持つア
ガボイデス ロメオを使って、いろいろと赤いハイブリッドを
作った。その中でもこの「魔女」は特に個性的な赤い葉と黒
い爪が特徴である。

栽培 & 写真提供：ルイパパ

栽培 & 写真提供　コキリノ

花茎と咲き方はアガボイデス寄りで、
花の色はシムランス ラグナサンチェス。

21

agavoides 'Soufuren'
× colorata 'Lindsayana'

アガボイデス 相府蓮
× コロラータ リンゼアナ

未命名
Created by yukinko

赤いリンゼアナという印象。紅葉時の赤は見事。
相府蓮のよさがリンゼアナとまざり、ハイブリッドとして好きな人が多いのではないだろうか。
小苗ですでに顔ができあがって、親株になってもあまり変化はないが、相府蓮も交配種なので、紅葉の具合にはバラツキが出るかもしれない。

アガボイデス寄りの花が咲いた。

'Alba'
× secunda 'Glauca'

アルバ
× セクンダ グラウカ

Echeveria 'Alba-pastel' アルバパステル
Created by Naoyuki Hagane

海外のサイトでは見かけない日本にしかないアルバと、種類が多いセクンダの変種であるグラウカの交配種。

全体にアルバの遺伝子を強く感じる。アルバは遺伝子が強く、交配種もアルバそっくりになり、色を付けることがむずかしいのだが、冬の紅葉のパステルカラーが特に美しいハイブリッドになった。

写真の苗は 6.5 センチのロゼットで開花ステージ。

実生小苗のときの姿。

花はセクンダに近いものが咲いた。

albicans (elegans 'Kesselringiana')
× La Paz (elegans La Paz)

アルビカンス（エレガンス ケッセルリンギアナ）
× エレガンス ラパス

Echeveria 'Albi - La Paz' アルビラパス
Created by Naoyuki Hagane

日本ではケッセルリンギアナで流通している種は、海外でアルビカンスと呼ばれている。
そのアルビカンス（ケッセルリンギアナ）のふくよかな葉を充分受け継いだ苗が、このシスターの中でも残したいタイプ。
ロゼットが5センチほどの大きさで、すでに開花ステージ。
また、雌雄逆の交配もできたが、顔はほぼおなじになった。

ラパス寄りの花が咲く。

違う環境、その年の気温で色付きが違う。
栽培＆写真提供　snowdrop

aurantiaca
× simulans, Ascension

アウランティアカ
× シムランス アセンシオン

Echeveria 'Karuraen' 迦楼羅炎
Created by Takahiro Inokuma

不動明王の背後の炎は迦楼羅天の吐く炎、または迦楼羅天そのものの姿であるとされ、そこから命名された。まさに炎のごとく、濃いエッジのある葉がとりまいているエケベリアだ。小苗のときからかなり完成された姿をしている。
交配に使おうとは思いづらいアウランティアカの色と、アセンシオンの形は発想できそうもない。

花の色は真っ赤ではなくなったが、咲き方などアウランティアカ由来に見える。

E.aurantiaca 形が整わず育てづらい。
濃いオレンジの花が咲く。

'Blue minima'
× laui

ブルーミニマ（ミニマ系交配）
× ラウイ

Echeveria 'Akatsuki' 暁（あかつき）
Created by はなりき園

頬を染めるように紅葉する愛らしいハイブリッドが思いがけずできた。ブルーミニマ×ラウイの実生の中から、数株だけ中心部が染まる個体がいくつかできた。ラウイを使った交配にあらわれる現象だと推察される。翌年もおなじ交配をしてみたが、2014年の交配一度きりしかできていない。いまとなっては、数株あるラウイのどれを使ったのかもわからないし、二度とできそうもない。

ほとんどミニマの花が咲く。

中心が染まらない個体（シスター）は子吹きして群生になりやすい。

cante,Fresnillo
× desmetiana（peacockii desmetiana）

カンテ フレスニヨ
× デスメチアナ （ピーコッキー デスメチアナ）

未命名
Created by Yû Oohara

夏近くに花を咲かせることの多いカンテは、ほかのエケベリアと花期が合わない。花粉を保存して使うとよい。海の近くではカンテ交配が成功するとも聞くが、真偽のほどはわからない。
小苗の時期はピンクになるが、互いに白っぽいエケの交配なので、紅葉するのはエッジだけのようだ。
ピーコッキーは、デスメチアナのシノニムになった。

花はデスメチアナに近い。

27

cante,Fresnillo
× 'Pinwheel'

カンテ フレスニヨ
× ピンウィール

未命名
Created by Yû Oohara

カンテの葉がピンク色になったようなハイブリッド。厚めで細くなった葉はなんとも美しい色になる。成長するにしたがって、葉の多いピンウィールの特徴があらわれてくる。

花はピンウィールに近いものが咲いた。

cante,Fresnillo
× strictiflora

カンテ フレスニヨ
× ストリクティフローラ

未命名
Created by Yû Oohara

紅葉時は、カンテの葉にエッジが付いたような姿になる。大きめに育つところもカンテの遺伝子だろう。全体的には葉色も花もストリクティフローラ。
ストリクティフローラは、日本ではツルギダという名前で流通していた。ほんの数年前のことである。コーレスの種から発芽したもので、ほかに栽培している人もいなかったため、長年ツルギダだと思われていた。

赤い花とガクの雰囲気はストリクティフローラに近い。

strictiflora
× cante,Fresnillo

ストリクティフローラ
× カンテ フレスニヨ

未命名
Created by Yû Oohara

雌雄逆の交配でも、姿はあまり変わらない。

carnicolor
× lilacina

カルニカラー（和名 銀明色_{ぎんめいしょく}）
× リラシナ

Echeveria 'Ginpai' 銀盃_{ぎんぱい}
Created by Naoyuki Hagane

光にかざすと葉の表面がキラキラと光る、カルニカラー特有
のグリステンは消えてしまったが、渋いカラーは健在。
ロゼットは 12 センチで開花ステージ。

リラシナ寄りのシスター。

花はカルニカラーに近い色と形をしている。

carnicolor
× 'Pinwheel'

カルニカラー（和名 銀明色）
× ピンウィール

未命名
Created by はなりき園

たくさんのピンクの葉を持つエケベリアを作ってみたかった
そうだ。しかし、狙った色よりは地味な印象になってしまっ
たようです。
カルニカラーの花芽は12月に出て、開花するのは2、3月ご
ろとほかのエケベリアが開花する時期とはかなり異なる。こ
の交配種の花は7、8月ころに開花。

花自体はカルニカラー寄りだが、咲き方はピン
ウィール。

chihuahuaensis
× agavoides 'Romeo'

チワワエンシス
× アガボイデス ロメオ

Echeveria 'Onizume' 鬼爪
Created by Naoyuki Hagane

この種が発芽したときは、3、4苗だけだった。その中で特に白い葉の苗に鬼爪と命名した。チワワエンシスの交配種の中で、特に爪の赤さと大きさが際立つハイブリッドになった。サイズは8センチほどのロゼット。
季節により、葉の色や爪の大きさが変わる。

花はアガボイデスのものに近い。

christmas
× pulidonis, Hidalgo

クリスマス（プリドニス グリーンフォーム）
× プリドニス イダルゴ

Echeveria 'Santa Claus' サンタクロース
Created by Naoyuki Hagane

クリスマス（日本ではプリドニス グリーンフォームという名前で流通）とプリドニスのハイブリッド。
肥料と水を多めにあたえて伸び伸びと育てると、写真のような美しいピンクのエッジに仕上がる。締めて育てると、写真Aのような姿になる。苗は10センチほど。

写真 A

花はプリドニス交配特有の黄色。

33

colorata
× halbingeri sanchez-mejoradae

コロラータ
× ハルビンゲリ サンチェスメホラダエ

未命名
Created by yukinko

葉先の形状はハルビンゲリ サンチェスメホラダエで、コロラータの要素はうまく融合しているふうに見える。
花も両親の中間くらいの色になっている。
ハルビンゲリ サンチェスメホラダエは、現在ヒアリナに分類されている。

コロラータの交配種には、安定したかわいらしさがある。

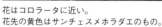

花はコロラータに近い。
花先の黄色はサンチェスメホラダエのもの。

colorata
× shaviana,Mine Asbestos (Light Purple)

コロラータ
× シャビアナ マイン アスベストス (ライト パープル)

Echeveria 'Yorokobi' 喜び
Created by Naoyuki Hagane

冬の紅葉はもちろん見事だが、夏でもかなり美しい色をしている。葉数が多く、大型になるので、その姿には迫力がある。苗は 15 センチほどのロゼット。

コロラータに近い花が咲く。

colorata
× shaviana,Mine Asbestos

コロラータ
× シャビアナ マインアスベストス

Echeveria 'kyozon' 共存
Created by Naoyuki Hagane

おなじ交配式のハイブリッドだが、「喜び」よりおとなしい感じがする。

colorata
× simulans, Lagna Sanchez

コロラータ
× シムランス ラグナサンチェス

Echeveria 'Manzoku' 満足
Created by Naoyuki Hagane

全体的にはコロラータの形で、その肉厚の葉はシムランス寄りに薄くなって、優しい感じになった。
父親のコロラータはいろいろなタイプがあるが、この交配には基本的なものを使って交配したように記憶している。

simulans, Lagna Sanchez
× colorata

シムランス ラグナサンチェス
× コロラータ

Echeveria 'Satisfaction'
サティスファクション
Created by Naoyuki Hagane

満足とは逆交配だが、また違った
雰囲気のハイブリッドになった。

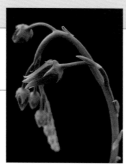

colorata
× 'Vincent Catto'

コロラータ
× ビンセント カトー

未命名
Created by Machiko Kojima

コロラータを小型にした感じで、ほかのビンセント カトー交配よりは成長が早い。大きくなりがちなコロラータをコンパクトにして、ビンセント カトーのようなエッジが出るエケベリアができた。
子吹きやすいところは、ビンセント カトーから受け継いでいる。
全体的にビンセント カトー寄りになっている。

花は、ビンセント カトー寄り。花数が少ないところも受け継いでいる。

colorata 'Lindsayana'
× cuspidata

コロラータ リンゼアナ
× クスピダータ

Echeveria 'Haruko' 春子
Created by Naoyuki Hagane

リンゼアナとクスピダータの中間の姿のハイブリッドが誕生した。花は、それぞれの両親のものに似たシスターが存在する。F1（エフワン）ではどうしても形にバラツキが出てしまう。安定的な苗を得るには、F3くらいまで交配を進めるか、よい苗を選抜してクローン繁殖をするのが理想的。

リンゼアナに近い花が咲く。

colorata 'Lindsayana'
× cuspidata (Wide Leaf)

コロラータ リンゼアナ
× クスピダータ （広葉）

Echeveria 'Akiko' 秋子
Created by Naoyuki Hagane

おなじクスピダータでも、こちらは幅広のものを使っている。

colorata 'Mexican Giant'
× derenbergii

コロラータ メキシカン ジャイアント
× デレンベルギー （和名 静夜）

未命名
Created by はなりき園

色が付いたメキシカン ジャイアントが作りたかったそう。容易に赤くはならないのがメキシカン交配種だが、爽やかなみどり色にはなった。雌雄逆の交配でも、色も大きさもほとんど違いが見つけられない。紅葉はうすむらさきに染まった。花はメキシカンに近い。

メキシカン ジャイアント寄りの花。

逆交配の紅葉姿
E.derenbergii × E.colorata 'Mexican Giant'

colorata 'Mexican Giant' × shaviana

コロラータ メキシカン ジャイアント
× シャビアナ

Echeveria 'Shiranami' 白波^{しらなみ}
Created by Naoyuki Hagane

メキシカン ジャイアントの交配は、ほぼメキシカン ジャイアントに近い顔になるが、このハイブリッドはめずらしく父親のシャビアナ（葉の色から推測してシャビアナ ペレグリナ）に近い色と形を受け継いでいる。
ロゼットは20センチ近くになり、花もシャビアナの花に近い。

shaviana × colorata 'Mexican Giant'

シャビアナ
× コロラータ メキシカン ジャイアント

no naming
Created by Naoyuki Hagane

かなり大型に育つ。花は両親の中間くらいの咲き方をする。

シャビアナに似た花

colorata 'Tapalpa'
× simulans, Lagna Sanchez

コロラータ タパルパ
× シムランス ラグナサンチェス

未命名
Created by yukinko

タパルパの色と形で、すこし薄くなったたくさんの葉が重なるさまはとても見応えがあるエケベリアになったと思う。
シムランス ラグナサンチェスが葉を薄くしているのだろう。
花はコロラータ系のものが咲く。

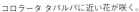

コロラータ タパルパに近い花が咲く。

cuspidata × agavoides 'Romeo'

クスピダータ × アガボイデス ロメオ

未命名
Created by はなりき園

赤いクスピダータを目指して作ったそう。作ってみたいと思う交配種のようで、いろいろな方がチャレンジしているようだが、クスピダータの種類も数種あり、葉色はさまざまで、赤くはなりそうもないところは残念。

花はアガボイデスに近いものが咲く。

cuspidata,Parrasana × agavoides 'Romeo'

クスピダータ パラサナ × アガボイデス ロメオ

Echeveria 'Murasakisikibu' 紫式部
Created by Masafumi Machida

栽培&写真　Naoyuki Hagane

栽培&写真　Mutsumi Hoshino

cuspidata
× simulans, Lagna Sanchez

クスピダータ
× シムランス ラグナサンチェス

Echeveria 'Usugori' 薄氷
Created by Naoyuki Hagane

クスピダータの葉のシャープなラインに、シムランス ラグナ
サンチェスの透明感のあるエッジが再現できた。
10センチほどのロゼット。ほかの実生苗もほぼおなじ感じの
シスターたちがそろった。

Aタイプはあまり紅葉はしない。

Bタイプはすこし紅葉している。

derenbergii
× Graptopetalum filifelum

デレンベルギー（和名 静夜）
× フィリフェルム（和名 菊日和）

Graptoveria 'Syunsetsu' 春雪
Created by 多肉アン

長く突き出た爪がピンクに染まり葉が重なる姿は、なんとも美しいハイブリッドである。小型だが、足許にたくさん子吹く群生姿も愛らしい。花数が多いところは、菊日和ゆずりに違いない。
多肉アンショップの看板エケベリアのひとつ。

花茎は静夜で、菊日和寄りの花が多数咲く。

実生小苗。

44

derenbergii
× laui

デレンベルギー（和名 静夜）
× ラウイ

Echeveria 'Hakubijin' 白美人
Created by Naoyuki Hagane

ラウイの葉先に小さい爪を付けた姿になった。
ラウイ交配の中には、中心だけ染まるものが出ることがある。
短い花茎にオレンジ色の花はデレンベルギー寄りだが、花房
の先端が垂れさがったところはラウイの特徴。冬には紅葉し
てピンクに染まる。

短い花茎にオレンジ色の花。

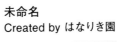

laui
× derenbergii

ラウイ
× デレンベルギー（和名 静夜）

未命名
Created by はなりき園

derenbergii
× 'Vincent Catto'

デレンベルギー（和名 静夜）
× ビンセント カトー

Echeveria 'Seirin' 静鈴
Created by 多肉アン

両親の性質で小型だが、足許にたくさん子吹いて群生する。
静夜をさらに小型にして、静夜にはない、エッジを赤く染め
る姿は誰もが好きになるだろう。葉色以外はかなりビンセン
ト カトーの特徴を引き継いでいる。
多肉アンショップの看板エケベリアのひとつ。

花はビンセント カトーゆずりのオレンジで先が黄色。両方の花姿を見せた。

diffractens
× albicans (elegans 'Kesselringiana')

ディフラクテンス
× アルビカンス (エレガンス ケッセルリンギアナ)

Echeveria 'Sakura' さくら
Created by Naoyuki Hagane

父親のアルビカンス（ケッセルリンギアナ）にディフラクテンスのむらさき色がうまくのった。桜の咲く季節に、桜のような色になったので、「さくら」と名付けた。
エケベリアの開花の時期は栽培環境により変化するので、決まった時期に開花するとは限らない。大きく開花時期が違うものに、ミニマや夏近くに咲くカンテがある。

ディフラクテンスに近い咲き方で、かなり個性的な花色になった。

diffractens × colorata

ディフラクテンス × コロラータ

Echeveria 'Benizome' 紅染^{べにぞめ}
Created by Naoyuki Hagane

ここ数年、ディフラクテンスを交配親に使ってきた。
ディフラクテンスの葉や小型の遺伝子がかなり高い確率で反映されるところがおもしろく感じる。
ディフラクテンス交配は、よい色が表現できるので、これからも交配親として使っていきたい。

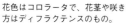

花色はコロラータで、花茎や咲き方はディフラクテンスのもの。

diffractens × colorata 'Brandtii'

ディフラクテンス × コロラータ ブランティ

Echeveria 'Benishibori' 紅絞り^{べにしぼ}
Created by Naoyuki Hagane

全体的にはディフラクテンス寄りだが、葉の形と葉裏に入るグラデーションにコロラータ ブランティの血を感じる。

elegans × tolimanensis × secunda, Puebla

エレガンス（月影）× トリマネンシス × セクンダ プエブラ

Echeveria 'Tsukibae' 月映
Created by Naoyuki Hagane

エレガンスにトリマネンシスを交配したハイブリッドは、薄ピンクに紅葉する。さらにセクンダ プエブラ（ラウレンシスと同種）を交配することで、濃いピンクの葉を得ることができた。
この苗に、月の光に照らされて美しく映えることを意味する名前を付けた。

色や形はセクンダのものに近いが、大きめの花が咲く。

elegans × tolimanensis

エレガンス（月影）× トリマネンシス

Echeveria 'Gekkou' = moonlight 月光
Created by Naoyuki Hagane

elegans
× spec. nov. Zaragoza

エレガンス
× サラゴサ sp ノバ（流通名）

未命名
Created by 多肉アン

エレガンスの質感と形を残しながら、葉は細く、ほんのりと色が付くエケベリアになった。かなり寒くならないと紅葉しないエレガンス系にとって、このピンク色はうれしいエケベリアになりそうだ。夏にみどりになってしまうのは、エレガンス系の場合いたしかたない。
ノバの花色は濃いオレンジだが、エレガンスの血で花先に黄色が入った。

濃いオレンジ色はノバで、先が黄色なのはエレガンスの特徴。

elegans
× La Paz (elegans La Paz)

エレガンス（和名 月影）
× エレガンス ラパス

Echeveria 'Tsuki-no-Shizuku' 月の雫
Created by Naoyuki Hagane

エレガンスの血が濃いようだが、葉先の形状と色にラパスを
感じる。
両親は互いに近い系統なので、雌雄逆交配の苗もよく似たも
のができた。

もともと同系の交配なので、花も両親と
おなじ花を咲かせる。

La Paz (elegans La Paz)
× elegans fa. elegans

エレガンス ラパス
× エレガンス（和名 月影）

Echeveria 'Tsuki-no-Shizuku Reverse' 月の雫リバース
Created by Naoyuki Hagane

月の雫の逆交配で、とても似ている
ハイブリッドができた一例。過去に
もローラとデレッセーナという似た
逆交配がある。

'Fire Lips' (setosa hybrids)
× agavoides 'Soufuren'

ファイアーリップ（セトーサ系交配種）
× アガボイデス 相府蓮

未命名
Created by STAB BLUE SHIZU

どちらも赤いエッジを持ったエケベリアだが、この出会いで瑞々しいツヤが生まれている。ファイアーリップの微毛はなくなってしまった。
親のファイアーリップは、ほとんど茎がない平たいエケベリアなので、相府蓮がアガボイデス寄りにしている。

片親の *E.'Fire Lips'*（ファイアーリップ）葉には微毛があるので片親はセトーサだと思われるが詳細は不明。韓国で作られたらしい。

花はセトーサに近く、色は相府蓮に近い。

'Frank Reinelt' (agavoides 'Prolifera' × colorata) × lilacina

フランクレイネルト (アガボイデス プロリフェラ×コロラータ) × リラシナ

Echeveria 'Lyric' リリック
Created by はなりき園

オレンジ色に紅葉するハイブリッドができたようだ。魅力的な紅葉をするのだが、フランクレイネルト交配はあまり見かけない。花芽がなかなかあがらないことが理由かもしれない。もう片親はリラシナだが、紅葉期は冬。

フランクレイネルトに似た色と形の細長い花が咲いた。

gibbiflora 'Metallica' × elegans

ギビフローラ メタリカ ×エレガンス (月影)

Echeveria 'Kagayaku-Tsuki' 輝く月
Created by Naoyuki Hagane

ギビフローラを使って、大きなハイブリッドを作ることは世界中で試されているが、小さなハイブリッドはなかなかできていない。

小さいといっても、15センチ程度で、大きいエレガンスという感じのものができた。

花茎は長く、花のサイズも大きいので、ギビフローラの血を感じる。

下が片親の原種エレガンス。

54

halbingeri sanchez-mejoradae × secunda Reglensis

ハルビンゲリ サンチェスメホラダエ × セクンダ レグレンシス

Echeveria 'Harumatsuri' 春祭り
Created by Naoyuki Hagane

昨今、原種としての同定が論議されているハルビンゲリ。この交配種に使ったのは、ハルビンゲリ サンチェスメホラダエ。すでに、サンチェスメホラダエは無効名で、この名前はなくなった。現在はヒアリナのシノニムとなっています。

栽培＆写真提供　Takahiro Inokuma

花の色はセクンダだが、咲き方はハルビンゲリ サンチェスメホラダエ。

'Hanazukiyo'
× 'Mexico pordensis'

花月夜（花うらら×月影）
× メキシコ ポルデンシス（韓国）

未命名
Created by 多肉アン

STAB BLUE はメキシコプリドニス、多肉アンではメキシコボルデンシスを使っている。このふたつは、違う名前で流通しているがほぼおなじエケに思われるが、双方が交配したハイブリッドの雰囲気は違っている。多肉アン交配は、花月夜のエッジが際立っていて、STAB BLUE 交配は、葉が揺らいで風情がある。花月夜も女子人気が高いエケベリアなので、その交配種も好まれている。

'Hanazukiyo'
× 'Mexico pulidonis'

花月夜（花うらら×月影）
× メキシコ プリドニス（韓国）

未命名
Created by STAB BLUE SHIZU

STAB BLUE 交配のエケは、葉が薄くプリドニスグリーンフォーム寄りの個体ができた。花色はプリドニスの黄色。

多肉アン交配の花のほうが濃い色。

hyalina
× simulans, Lagna Sanchez

ヒアリナ
× シムランス ラグナサンチェス

Echeveria 'Sukiutsushi' 透映し<ruby>すきうつ</ruby>
Created by Naoyuki Hagane

おなじ系統のエケ同士の交配なので、極端な形の変化はない。シムランス ラグナサンチェスをコンパクトにした感じが見られる。

花茎が太くて大きな花はヒアリナを受け継いでいる。

hyalina
× 'Vincent Catto'

ヒアリナ
× ビンセント カトー

未命名
Created by yukinko

ヒアリナの密な葉がより密になり、小型でかわいらしい姿になった。ヒアリナがいい味を出しているようだ。紅葉はよい色になる。

この交配式は成功している人が多いので、相性がよい組み合わせなのかもしれない。

小型で足許にたくさん子を吹くのは、ビンセント カトーの遺伝子。

ビンセント カトーの交配種の花は、ビンセント カトー寄りになるものが多い。

Created by
Machiko
Kojima

Created by
はなりき園

'Kircheriana' (E. derenbergii × E. pulvinata)
× 'Vincent Catto'

キルケリアナ (キルヒネリアナ/キルヒネア)
× ビンセント カトー

未命名
Created by 多肉アン

ビンセント カトー交配の場合、群生になりやすいようだ。もう片親のキルケリアナは、茎立ちはするが、群生しないタイプなのでビンセント カトーの遺伝に違いない。
クリーム色の葉に赤いエッジは愛らしいハイブリッドだ。

花の形と色はキルケリアナによく似ているが、
多花なのはビンセント カトー寄り。

E.'Kircheriana' (キルケリアナ) 親株のキルヒネアは花数が少ないエケ。陽に充分当てていてもいつの間にか茎が伸びている。

La Paz (elegans La Paz)
× agavoides 'Romeo'

エレガンス ラパス
× アガボイデス ロメオ

Echeveria 'Momiji' 紅葉
Created by Naoyuki Hagane

紅葉、逆交配の京紅葉ともに紅葉は素晴らしい。ロメオの赤い色素がうまく遺伝されたようだ。
花房（花の配列）はアガボイデスに似ている。花冠（花弁全体）の色はラパスに似ている。

花の色はラパスに近く、咲き方はアガボイデスの雰囲気が見られる。

agavoides 'Romeo'
× La Paz (elegans La Paz)

アガボイデス ロメオ
× エレガンス ラパス

Echeveria 'Kyo-Momiji' 京紅葉
Created by Naoyuki Hagane

実生苗は、おなじ顔にはならない。色・形はすこしずつ違い、これから選抜を続け、固定化するつもりだ。

La Paz (elegans La Paz)
× colorata 'Lindsayana'

エレガンス ラパス
× コロラータ リンゼアナ

Echeveria 'La Paz-lindas' ラパスリンゼ
Created by Naoyuki Hagane

コロラータの優型変種のリンゼアナが父親なので、ラパス×
コロラータに近い姿なのはあたりまえだが、その微妙な違い
を楽しむハイブリッドだと言える。

コロラータに近い花を咲かせる。

La Paz (elegans La Paz)
× colorata

エレガンス ラパス
× コロラータ

Echeveria 'La Paz-colo' ラパスコロ
Created by Naoyuki Hagane

La Paz (elegans La Paz)
× Feminine (laui × Dharma pulidonis)

エレガンス ラパス
× フェミニン (ラウイ×ダルマ プリドニス)

Echeveria 'La Paz-Feminine' ラパスフェミニン
Created by Naoyuki Hagane

肉厚の葉のプリドニス交配のフェミニンに、ラパスの血が入り、葉先をシャープにした。小型のハイブリッドだが、紅葉すると、温室の中でも存在感を発揮する。

E.'Feminine E.laui × E.Dharma pulidonis
(現在は *E.pulidonis,Veracruz*)
Created by Naoyuki Hagane

La Paz (elegans La Paz)
× hyalina

エレガンス ラパス
× ヒアリナ

Echeveria 'La Paz-hyali' ラパスヒアリ
Created by Naoyuki Hagane

ヒアリナに似た厚葉タイプと、すこし薄葉のタイプがシスター
として存在する。
ラパスヒアリナは厚葉タイプに名付けられた名前。
花はヒアリナに近い。同系統の交配では、微妙な差を楽しみ
たい。

おなじ系統の両親に似た花を咲かせる。

La Paz (elegans La Paz)
× lilacina

エレガンス ラパス
× リラシナ

Echeveria 'La Paz-lila' ラパスリラ
Created by Naoyuki Hagane

この交配のシスターはいくつかあるが、全体的にはおなじ顔
を共有している。リラシナの交配種に見られる、夏の紅葉
はない。リラシナの血が入った花もラパスより大きくなるが、
両方の親の要素を受け継いでいる。
逆交配は、リラシナ寄りの姿をしている。
葉挿しも簡単で、近いうちに優秀な普及種となる可能性が高い。

両親の咲き方を双方から受け継いでいる。

lilacina
× La Paz (elegans La Paz)

リラシナ
× エレガンス ラパス

Echeveria 'lila-La Paz' リララパス
Created by Naoyuki Hagane

ラパスリラの逆交配。リラシナが母親なので、
やはりリラシナにいくらか近い雰囲気。

La Paz (elegans La Paz)
× simulans, Ascension

エレガンス ラパス
× シムランス アセンシオン

Echeveria 'La Paz-Ascension' ラパスアセンシオン
Created by Naoyuki Hagane

日本以外の国では、シムランスすべてを一種として扱っている。地方別の姿の違いはあまり考えないようだ。
日本人は繊細な心を持っているということだろうか。

ラパス寄りの花を咲かせる。

La Paz (halbingeri sanchez-mejoradae San Luis de La Paz)
× chihuahuaensis, Yecora

ラパス (ハルビンゲリ サンチェスメホラダエ サンルイス デラ パス)
× チワワエンシス イェコラ

Echeveria 'Qubeley' キュベレイ
Created by Takahiro Inokuma

ガンダム由来のキュベレイと命名したが、もともとは古代ロー
マ時代の大地母神キュベレイからきているらしい。
ラパスとイェコラが出逢って、優雅でかわいらしい色のハイ
ブリッドができた。葉先のとがりはイェコラから、ふたつが
混ざって全体の色になったのだろう。葉のうねりも効果的で
ある。花はイェコラに近く、チェリーピンクで花の中はオレ
ンジ。

左の小苗は逆交配の、E.chihuahuaensis Yecora × E.La Paz
右は 'Qubeley' (キュベレイ) の小苗。

'La-Colo' (laui × colorata)
× 'Blue minima' (minima hybrids)

ラ・コロ（ラウイ×コロラータ）
× ブルーミニマ（ミニマ系交配）

未命名
Created by はなりき園

葉がたくさんあるエケが好きなので、作りたいと思ったエケ
だそう。ラウリンゼ（ラウイ×リンゼアナ）は結実しないこ
とが多かったので、ラ・コロを使って交配してみたら成功し
たとのこと。
紅葉は控えめだが、赤くなるというより葉の色が白くなるの
でピンクが強調される。これも一種の紅葉である。

花の咲き方はラウレン
シス、色はコロラータ
のオレンジ。

'La-Colo' (laui × colorata)
× 'Laulensis'

ラ・コロ（ラウイ×コロラータ）
× ラウレンシス（セクンダ レグレンシス）

Echeveria 'Ohka' 桜花（おうか）
Created by はなりき園

このハイブリッドは葉の重なりが美しい。ラ・コロと違うのは葉の厚み。セクンダ系を親にした場合、葉が薄くなる傾向が見える。小苗のころは、ラ・コロ寄りの姿だが、大人顔はラウレンシス寄りになる。
紅葉時に葉の色が白っぽくなり、ぎゅっと葉が密になる。

花は色も咲き方もセクンダ寄り。

laui
× Graptopetalum amethystinum

ラウイ
× グラプトペタルム アメチスティヌム

Graptoveria 'Glamour girl-lau' グラマーガールラウ
Graptoveria 'Glamour gamethys' グラマーガールアメチス
Created by Naoyuki Hagane

この交配種には、ふたつのタイプが発芽している。それぞれ
の親に似たタイプができるのは、異属間交配でよく見るパター
ン。

Graptoveria
'Glamour girl-laui'

花は
ラウイ寄り。

Graptoveria
'Glamour girl-amethys'

花はグラプト
ペタルムの感
じを受け継い
でいる。

laui
× La Paz (elegans La Paz)

ラウイ
　× エレガンス ラパス

未命名
Created by Yû Oohara

葉の厚みに差異はあるようだが、成長とともにラパスの葉の
反り返る感じがあらわれてくる。ラウイは丸みを付けるくら
いの遺伝しか出てこないようだが、充分な効果だと思う。
しかし、花にはしっかりラウイの特徴が見える。

laui × La Paz (elegans La Paz)

ラウイ × エレガンス ラパス

Echeveria 'Haru-Ranman' 春爛漫 (はるらんまん)
Created by Naoyuki Hagane

laui
× longissima var. brachyantha

ラウイ
× ロンギシマ ブラキアンタ

未命名
Created by Yû Oohara

かなりロンギシマ寄りの色と模様が出ているのが印象的なハイブリッド。ラウイの交配にしてはめずらしく粉もないが、ちゃんと丸みを帯びた葉姿になっている。紅葉すると、エッジとキールが赤く鮮明に色付く。

花色はロンギシマだが、花の咲き方はラウイ寄り。

E.longissima var. brachyantha（ロンギシマ ブラキアンタ）
葉に独特の模様があるエケベリア。

laui
× tolimanensis

ラウイ
× トリマネンシス

Echeveria 'Jungfrau' ユングフラウ
Created by はなりき園

とにかくトリマネンシスが好きでいろいろ作ったうちのひとつだそう。個体により多少の色の差はあるが、ほぼおなじ姿。色の付く紅葉はしなくても、冬には白さが増すタイプ。ふっくらした葉が愛らしいエケベリアだ。
逆交配のマッターホルンは、トリマネンシス寄りで葉が細めになった。

花はラウイ寄りで、トリマネンシス特有の花序は陰を潜めている。

E.tolimanensis × *E.laui* '*Matterhorn*'
'*Matterhorn*' マッターホルン

'Laulinze' (laui × colorata 'Lindsayana') × 'Hanazukiyo' (pulidonis × elegans)

ラウリンゼ (ラウイ×リンゼアナ) × 花月夜 (花うらら×月影)

未命名
Created by STAB BLUE SHIZU

ラウリンゼに色が付いて誰もが好むハイブリッドになった。
肉厚な葉がぎゅっとつまって小さく数多くなった葉姿は、ラ
ウリンゼのいいところが出ている。
花月夜は色を添えているのだろう。
花茎の途中にも付いている茎葉はラウイでもよく見られる。
4つのエケベリアの特徴がほどよく出た交配種だと思う。

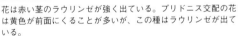

花は赤い茎のラウリンゼが強く出ている。プリドニス交配の花
は黄色が前面にくることが多いが、この種はラウリンゼが出て
いる。

lilacina
× chihuahuaensis

リラシナ
× チワワエンシス

Echeveria 'Kosumosu-I' 秋桜-I コスモス ワン
Created by Naoyuki Hagane

夏も遅くなってから美しく咲くコスモスにちなんで、名前を
付けた。
ほかのハイブリッドが色のない夏に、美しく紅葉する。リラ
シナ交配は、夏の彩りに貴重なエケベリアである。

リラシナ寄りの花が
咲く。

chihuahuaensis
× lilacina

チワワエンシス
× リラシナ

Echeveria 'Kosumosu-II' 秋桜-II コスモス ツー
Created by Naoyuki Hagane

lilacina
× 'Pinwheel'

リラシナ
× ピンウィール

未命名
Created by はなりき園

思ったより、色のないハイブリッドになったようだ。リラシナの葉は細く数多くなったが、小苗のときのほうがリラシナ感が強かった。やはり開花ステージにならないと形は定まらないようだ。

花はリラシナの色で、先が黄色のところはピンウィールのものに近い。

lilacina
× pulidonis

リラシナ
× プリドニス

Echeveria 'Akanefuji' 茜富士 (あかねふじ)
Created by Naoyuki Hagane

リラシナ交配のメリットは、夏に美しく紅葉すること。ほかの季節に紅葉する個体もあるが、順調に栽培すると夏に紅葉する。

この茜富士の交配親のプリドニスは、原種だがいろいろな顔が存在し、どのタイプが親だったのか不明になってしまった。葉の形からすると、プリドニス ベラクルスだと思われる。

花はプリドニス寄り。はやりプリドニス交配は黄色の花が咲くことが多い。

lutea
× minima

ルテア
× ミニマ

未命名
Created by Yû Oohara

ミニマ交配は、ミニマが強く出て、ミニマ似の苗に育つことが多い。このハイブリッドも、通年グリーンでミニマ似、紅葉らしい紅葉はしない。足許には子吹いて増える。
雌雄逆の交配種の姿も花もほとんどおなじになった。

左は *E.minima* × *E.lutea*　右は *E.lutea* × *E.minima* の花。
どちらもほぼおなじ。

E.minima × *E.lutea*
雌雄逆交配でもミニマ感が強い。

megacalyx
× derenbergii

メガカリックス
× デレンベルギー（和名 静夜）

Echeveria 'Shining Star' 輝く星
Created by Naoyuki Hagane

デレンベルギーの素晴らしい交配種はいろいろとあるが、それらを超えるものはなかなかできていない。
デレンベルギーは多花、多花粉だが、雄しべの花粉がかたく、うまく使えない。それでも花茎が短く交配作業がやりやすい。このハイブリッドも花茎が短く、静夜の血を受け継いでいるような花だが、花茎の上部にかたまって咲く姿はメガカリックス寄り。

両親の血を受け継いでいることがよくわかる花。

'Mexico pordensis'
× elegans 'Kesselringiana'

メキシコ ポルデンシス
× エレガンス ケッセルリンギアナ

Echeveria 'Ichika' 苺花
Created by 多肉アン

愛らしいケッセルリンギアナの丸い葉が色付いたハイブリッ
ド。エッジでもなく、キール部分でもなく、葉の上部がグラ
デーションになる紅葉がなんとも愛らしい。
メキシコポルデンシスの花はほぼ黄色で、ケッセルリンギア
ナは多花だが、細くて小さい花。両方の特徴が出ているようだ。

細くて小さい花。両方の特徴が出ているようだ。

minima
× colorata 'Mexican Giant'

ミニマ
× コロラータ メキシカン ジャイアント

Echeveria 'A small Giant' 小さな巨人
Created by Naoyuki Hagane

大型に育つメキシカン ジャイアントを小さくしたかった。名のごとく「小さな巨人」は、サイズは小さくなったが、ほかはメキシカン ジャイアントとほぼおなじ。微細な違いを見つけて喜ぶことは、エケベリア好きの醍醐味。

花はミニマ、咲き方はメキシカンジャイアントに近い。

小さな巨人とメキシコの巨人（メキシカンジャイアント）。

minima
× lilacina

ミニマ
× リラシナ

Echeveria 'Hana*Hana'　はな*はな
Created by はなりき園

小苗のときはずっとみどりのままで、かわいくないハイブリッドを作ってしまったな～と思っていたが、冬になって豹変したそう。全体にピンクで爪が赤くなった姿には、ここまで変わるエケベリアがほかにあるだろうかと思うほど。

エケベリアを美しく育てている猪熊氏に提供していただいた写真。

花は、ミニマの黄色とリラシナのオレンジが交ざった中間色。

minima
× moranii

ミニマ
× モラニー

未命名
Created by はなりき園

ミニマにエッジが濃く付いたようなハイブリッドになった。
冬には葉の裏のキールにまでエッジが出て、葉自体の色も薄くなるのでよく目立つ。
おなじ交配式で *E.'Lovable'* がある。

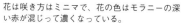

花は咲き方はミニマで、花の色はモラニーの深い赤が混じって濃くなっている。

'Pinwhee'
× affinis

ピンウィール
× アフィニス

未命名
Created by Yû Oohara

あまり見かけないアフィニスの交配。
ピンウィールの色と葉数が多いところに、アフィニスの黒が
混じって、紅葉時期には、絶妙な色になる。花も姿もかなり
アフィニスに支配されている。1年を通して、みどり色になっ
たところは見たことがない。
花はアフィニス寄りの赤で、ほかのエケベリアが咲き終わっ
た夏に開花することが多い。

花色と咲き方はアフィ
ニス寄り。

片親の *E.affinis*（アフィニス）
黒いエケベリアの代表。

83

'Pinwheel'
× walpoleana（tamaulipana）

ピンウィール
× ワルポレアナ（タマウリパナ）

未命名
Created by Yû Oohara

___

ピンウィール寄りの葉数が多い個体は、特徴的なみぞ葉を伸ばすが、ワルポレアナ寄りの個体は葉数があまり増えず、冬は外葉が枯れ込んで縮む。
タマウリパナは、ワルポレアナのシノニムになった。

pulidonis 'Green form'
× simulans, Lagna Sanchez

プリドニス グリーンフォーム
× シムランス ラグナサンチェス

未命名
Created by STAB BLUE SHIZU

どちらも葉が薄く、フリルタイプのエケベリア同士の交配種
なので、ある程度の予想はでき、結果もそのとおりになって
いる。
夏はかなりみどり色だが、紅葉もする。

花色は黄1色ではなく、シムランス ラグナサンチェスのピンクも
交ざったのが見てとれる。

E.pulidonis 'Green form'（プリドニス グリーンフォーム）
プリドニスの葉に揺らぎがあるタイプ。

pulidonis, Veracruz
× laui

プリドニス ベラクルス
× ラウイ

Echeveria 'Hakutou' 白桃^{はくとう}
Created by Naoyuki Hagane

ラウイが自家受粉しやすいためか、ほぼラウイの顔の苗ができやすい。その中でもこのハイブリッドは、プリドニス ベラクルスの葉の感じが受け継がれ、ラウイの白くパウダーが濃い葉に赤いエッジが印象的に表現された。
ラウイ交配種の花は、おなじ形をすることが多いのだが、色はやはりプリドニスの黄色である。

ラウイとほぼおなじ形で黄色の花は、プリドニスの花色を受け継いでいる。

pulidonis, Veracruz
× simulans, Lagna Sanchez

プリドニス ベラクルス
× シムランス ラグナサンチェス

Echeveria 'Kanzakura' 寒^{かん}ザクラ
Created by Naoyuki Hagane

長年にわたりアプス（E.'Apus'）としていたものは、プリドニス ベラクルスでした。まず訂正させていただきます。
いままでプリドニスの基本型としていたものは、プリドニス Hidalgo^{イダルゴ} 地方原産とわかり、以前から日本で流通している花うらら、ダルマプリドニスもプリドニスの地方変種の可能性が高い。ロゼットは7センチほどで、プリドニスの血を強く受け継いでいて、エッジの透明感はシムランス。

プリドニスの交配種はほとんどがこのような黄色の花になる。

purpusorum
× La Paz (elegans La Paz),B

プルプソルム
× エレガンス ラパスB

Echeveria 'Shiran' 紫蘭 (Purple Variety of orchid)
Created by Naoyuki Hagane

プルプソルムの交配種は冬季に赤く紅葉するものが多いが、このハイブリッドは通年ほぼ赤く染まっていて美しい。

E.elegans La Paz B（エレガンス ラパス）

purpusorum
× La Paz (elegans La Paz)

プルプソルム
× エレガンス ラパス

Echeveria
Created by Yû Oohara

プルプソルムのものに近い大きな花を咲かせる。

88

'Santa Louis'
× hyalina

サンタルイス（サンルイス/セントルイス）
× ヒアリナ

未命名
Created by Mutsumi Hoshino

独特な葉色を持つサンタルイスの特徴を受け継いだハイブリッドになった。花の咲き方や色もサンタルイスのもの。花がほとんどサンタルイスに見えるのに、ロゼットはしっかりヒアリナになっている興味深いエケベリア。

E.'Santa Louis'
サンタルイスは不明のハイブリッド。

'Sarahimebotan' × simulans, Lagna Sanchez

沙羅姫牡丹 (サラゴサ ノバ×姫牡丹)
× シムランス ラグナサンチェス

Echeveria 'Sarahime-Tsubaki' 沙羅姫椿
Created by Naoyuki Hagane

沙羅姫牡丹の血が濃く残っている。サイズも小型で、冬の紅葉がきれいだ。
逆交配のシムランス ラグナサンチェス×沙羅姫牡丹もできている。
似たものができる場合と、まったく違う顔になることもあり、自然の未知を感じさせる。

栽培＆写真提供　Takahiro Inokuma

沙羅姫牡丹寄りの花が咲く。

simulans, Lagna Sanchez × 'Sarahimebotan'

シムランス ラグナサンチェス
× 沙羅姫牡丹 (サラゴサノバ×姫牡丹)

Echeveria 'Sarahime-Tsubaki Reverse' 沙羅姫椿リバース
Created by Naoyuki Hagane

栽培＆写真提供　石川香織

90

secunda, Puebla
× cante

セクンダ プエブラ
× カンテ

Echeveria 'Puebla-can' プエブラカン
Created by Naoyuki Hagane

季節で色付くエケベリアの交配種が多い中、特に目をひくのが、このプエブラカンテです。
おなじ実生の中で、カンテ寄りとセクンダ プエブラ寄りのシスターができた。

カンテ寄りのタイプ。

セクンダ寄りのタイプの花は、セクンダに近い花を咲かせる。

secunda,Xichu
× shaviana,Peregrina

セクンダ シチュ
× シャビアナ ペレグリナ

未命名
Created by Yû Oohara

セクンダ シチュのシャープな葉に、シャビアナのフリルが加わった、両親の特徴を引き継いだハイブリッドになった。シャビアナの遺伝子か、夏にピンクに色付く姿は美しい。冬に枯れ込むのは両親の血がそうしている。

花はセクンダ寄りで、咲き方はシャビアナ寄り。

片親の *E.secunda,Xichu*

setosa var. deminuta（rondelii）× sessiliflora

セトーサ デミヌタ（ルンデリー）× セシリフローラ

未命名
Created by 多肉アン

めずらしいセシリフローラのハイブリッド。片親のセシリフローラは夏に弱く、枯れてしまうことが多いし、紅葉もしないタイプなので交配に使おうと思う人は少ないかもしれないので貴重だ。葉には微毛があり、むらさき系の紅葉は心が躍る。みどり色のときのピンクの内巻きの爪もかわいらしい。
花は思ったとおりセトーサ寄り。
ルンデリーという名前は、セトーサ デミヌタのシノニム。

セトーサ交配の場合、花はセトーサ寄りになりやすい。

2017年に *E.pinetorum*（ピネトルム）のシノニムになったこのタイプのセシリフローラが片親。夏の暑さにとても弱い。

setosa var. deminuta（rondelii）× tolimanensis

セトーサ デミヌタ（ルンデリー）× トリマネンシス

未命名
Created by はなりき園

セトーサ デミヌタ交配はその顔が前面に出てくる。葉の形が長くなったところにトリマネンシスを感じるが、微毛があり、葉の多いところはセトーサ デミヌタだ。冬の紅葉はもちろんむらさきで、密な葉が染まった姿は狙いどおりな交配種ではあるが、もうすこしトリマネンシスに主張してもらいたいハイブリッドだ。

花はデミヌタ寄り。

shaviana, Peregrina × lutea

シャビアナ ペレグリナ × ルテア

未命名
Created by Yû Oohara

シャビアナのフリルに、ルテアのチャンネルリーフが加わったらおもしろいと思って作った交配。親のルテアのそれぞれの色を交配したところ、葉と花の色が分かれたところもおもしろい。
原種のルテアは、葉の色がどちらでも黄色の花が咲いた。ハイブリッドは、茶色の葉には黄色い花で、緑の葉にはオレンジの花。

東京の冬でも枯れ込み、どちらもおなじような色になる。

夏は色の差が出る。

片親のルテア（*E.lutea*）産地で葉色が異なるがどちらの花も黄色。

'Shichifuku-bini'
× 'Vincent Catto'

七福美尼 （養老（紅）× ベラ）
× ビンセント カトー

未命名
Created by 多肉アン

両親ともに子吹いて群生する性質なので、その交配種である
このエケベリアも当然、群生姿を楽しめるエケベリアになっ
ている。
七福美尼の片親のベラ（*E.bella*）は、ほとんど見たことがなく、
海外でも不思議がられているエケベリアだ。

七福美尼の花はオレンジで先が黄色。この交配種の花の側面に入る黄色い線は
ビンセント カトーの特徴で、しっかり入っている。

'Shichifukujinn'
× 'Blue Bird'

七福神
× ブルー バード

Echeveria 'kami-no-Tori' 神の鳥
Created by Naoyuki Hagane

日本に帰化したかのように、かなり以前から見かける謎のエケベリア七福神は、セクンダ系だと思うが、メキシコの生息地には見かけないので、交配種の公算が高い。
七福神を使ったハイブリッドは意外に少ない。これからも多くの交配種ができてほしい。
1年を通して美しいが、春の色が好ましい。

七福神寄りの花が咲く。

'Shirayukihime' × simulans, Lagna Sanchez

白雪姫 (プリドニス系交配種)
× シムランス ラグナサンチェス

未命名
Created by yukinko

葉はシムランス ラグナサンチェスの色が出ているが、花とフォルムは白雪姫のほうに似ている。
白雪姫は人気のあるエケベリアのため、これからも交配種が増えるだろう。
白雪姫の交配親はプリドニス系ということしかわからない。プリドニス交配の花の色はほとんど黄色になるほど強い。そして、このエケベリアも黄色の花である。

このハイブリッドも黄色の花である。

片親の E.Shirayukihime (白雪姫)
詳細は不明だが、これ自体人気のハイブリッド。

simulans, Lagna Sanchez
× 'Blue & Yellow'

シムランス ラグナサンチェス
× ブルー アンド イエロー

Echeveria 'Hohoemi' ほほえみ
Created by Naoyuki Hagane

プリドニスの血を引いたブルー アンド イエローの顔が強く
出たが、シムランス ラグナサンチェス似の葉先の爪の反り返
りが愛らしい。サイズは6、7センチと小型。
ブルー アンド イエローは、葉はブルーで花がイエロー。こ
のハイブリッドの花は、プリドニス系特有の黄花。

E.'Blue & Yellow'
E.chihuahuaensis Ruby Blush × E. pulidonis

プリドニス系特有の黄花。

simulans, Lagna Sanchez × 'Hanazukiyo'

シムランス ラグナサンチェス × 花月夜 (花うらら×月影)

Echeveria 'Kourigashi' 氷菓子
Created by Naoyuki Hagane

このハイブリッドは薄い葉で、透明感を感じさせるエッジが名前の由来になった。AタイプとBタイプのシスターが存在する。

丸葉のものが B タイプ。

Aタイプ。

simulans, Lagna Sanchez
× cuspidata, Menchaca

シムランス ラグナサンチェス
× クスピダータ メンチャカ

Echeveria 'Shinayaka' しなやか
Created by Naoyuki Hagane

シムランス ラグナサンチェスをシャープにし、葉に大きな
ウェーブを付けた。これがAタイプ。
AタイプとBタイプはおなじ交配式から生まれたハイブリッ
ドですが、Bタイプはまた違った顔になった。
原種同士の交配でも、ここまで違う顔が生まれる例のひとつ
である。

花の咲き方はクスピダータ
メンチャカに近い。

Bタイプ

simulans, Lagna Sanchez
× La Paz (elegans La Paz)

シムランス ラグナサンチェス
× エレガンス ラパス

Echeveria 'Lagna S-La Paz' ラグナエスラパス
Created by Naoyuki Hagane

葉の形やエッジの透明感、白い爪にむらさき色のグラデーショ
ン、すべてシムランス ラグナサンチェスだが、コンパクトに
まとまった姿こそラパスの血を感じる。
ロゼットは6、7センチ。
逆交配種もあり、花もほとんどおなじ感じのハイブリッドだ。

栽培＆写真提供　Takahiro Inokuma

La Paz (elegans La Paz)
× simulans, Lagna Sanchez

エレガンス ラパス
× シムランス ラグナサンチェス

Echeveria ' La Paz-Lagna S Reverse'
ラパスラグナエスリバース
Created by Naoyuki Hagane

102

simulans, Lagna Sanchez
× longissima var. brachyantha f.

シムランス ラグナサンチェス
× ロンギシマ ブラキアンタ (大)

Echeveria 'Unmei' = Destiny 運命^{うんめい}
Created by Naoyuki Hagane

片親のロンギシマ ブラキアンタ（大）は、実生苗の中にひと
つだけできた特に大型のもの。やっと花が咲いたときに、偶
然シムランス ラグナサンチェスＡタイプの花の雄しべの先に
密が出ていたので、花粉を付けると、見事に成功。運命の誕
生である。
しかしその後、ロンギシマ ブラキアンタ（大）は、残念なが
ら星になってしまった。

E.longissima var. brachyantha f.（ロンギシマ ブラキアンタ）
実生苗の中にひとつだけできた大型のもの。

花の色はロンギシ
マ ブラキアンタで
すが、咲き方はシ
ムランス ラグナサ
ンチェス。

103

simulans, Lagna Sanchez
× simulans, Siberia

シムランス ラグナサンチェス
× シムランス シベリア

Echeveria 'Lagna-Cross-Siberia' ラグナクロスシベリア
Created by Naoyuki Hagane

シムランスの産地の異なる原種同士の交配からできた特徴の
あるハイブリッドだ。
交配を×の印で表現しているが、これはバツではなく、クロ
スと言い表すのが正しい国際標準。
近いと思うエケ同士の交配でも、思ったより違った特徴が出
ることもよくある。互いのよさを引き出すことができた。雑
種劣性とは限らない。

シムランス同士の交配なので、花もシムランス
の花が咲く。

sp El Encino
× 'Vincent Catto'

（エスビー）エル エンシノ
× ビンセント カトー

未命名
Created by 多肉アン

ビンセント カトーのように子吹きが激しく、いろいろな顔を
見せてくれる。シーズンで色が大きく変わるようだ。
ビンセント カトー交配の花は、ビンセント カトー寄りにな
るものが多いが、この交配種はエル エンシノのくっきりとし
た濃いオレンジ色が出た。咲き方はビンセント カトー寄り。
E. sp El Encino は、Koehres のギャラリーでは、現在セクン
ダに分類されている。

咲き方はビンセント カトーで、花色はエル エンシノ。

strictiflora, General Cepeta × minima

ストリクティフローラ ヘネラル セペタ × ミニマ

Echeveria 'stricti-mini' ストリクティミニ
Created by Naoyuki Hagane

アメリカからメキシコへと広い生息地を持つストリクティフローラの、エッジが赤く際立つタイプ（ヘネラル セペタの原産種）とミニマの交配。ミニマの交配は夏季はすべておなじような顔になってしまいがちだが、冬から春にかけては素晴らしい色に変化する。このハイブリッドもそのひとつ。小さなロゼットは2〜2、5センチ。

ミニマの花が咲くが、花茎が長いところは、ストリクティフローラの遺伝子を受け継いでいる。

subcorimbosa Lau030
× laui

サブコリンボサ ラウ030
× ラウイ

Echeveria 'Momoe' 桃重
Created by Naoyuki Hagane

ラウイ交配は有名なハイブリッドが多く存在する。ラウリン
ゼやラ・コロなどは、最終的に20センチほどの大型になる。
もっと小型のハイブリッドがほしかった。
夏は色が出ないが、冬は紅葉して楽しませてくれる。
花はサブコリンボサだが、花茎の先が垂れさがるところはラ
ウイを受け継いでいる。ロゼットは5センチほど。

サブコリンボサ
似の花が咲いた。

実生小苗。

subcorimbosa Lau030
× 'Pinwheel'

サブコリンボサ ラウ030
× ピンウィール

未命名
Created by はなりき園

サブコリンボサの葉の厚さと、ピンウィールの密な葉姿を持ったエケができた。クリーム色の葉が紅葉色のようだ。サブコリンボサのように葉裏のキールには色が付く。
この種は、両親のどちら寄りかによって、花の咲き方が異なるようだ。

subcorimbosa Lau030
× 'Pinwheel'

サブコリンボサ ラウ030
× ピンウィール

Echeveria 'Ryugu' 竜宮（りゅうぐう）
Created by Naoyuki Hagane

ピンウィール寄りの花。

サブコリンボサ寄りの花。

tolimanensis × chihuahuaensis

トリマネンシス
× チワワエンシス

未命名
Created by yukinko

形はほぼトリマネンシスだが、そこにチワワエンシスが溶け込んでかわいらしい苗ができたと思う。小苗のときとほとんど顔が変わらず成長する。そして、顔違いが少ないようだ。チワワ寄りの濃い赤い花が咲く。
逆交配のチワワエンシス×トリマネンシスはうまく結実しづらいが、トリマネンシス×チワワエンシスはできやすい気がする。これも交配の妙だろうか。

2019年春まきの小苗の様子。

花はほぼチワワエンシスの色と形。

tolimanensis
× pallida

トリマネンシス
× パリダ

未命名
Created by Mutsumi Hoshino

パリダ交配の顔はほぼパリダで、見分けがつかなくなることが多い。このハイブリッドはパリダの黄色が印象的に出たが、葉はすこし細くなり、立ち上がったことはトリマネンシスの血だろうか。夏のみどり色は、トリマネンシスでは考えられない。ユニークなハイブリッドができたようだ。
花色は両親似だが、花弁とガクにパウダーがのって色がうすくなっている。

tolimanensis
× spec. nov. Zaragoza

トリマネンシス
× サラゴサ sp ノバ （流通名）

未命名
Created by はなりき園

トリマネンシスをさらに小型にしたような、ピンクの紅葉姿は愛らしい。子吹くのだが、超小型のためなかなか増えないうえに、種はできるが、夏に焦げて減ってしまう。
花はサラゴサ sp ノバに近く、花色だけトリマネンシス寄りになった。

花の咲き方にトリマネンシスを感じる。

'Tsukinishiki'
× tolimanensis

月錦
つきにしき
× トリマネンシス

未命名
Created by Mutsumi Hoshino

月錦は、赤く紅葉するものの、普及しているとは言いがたいエケベリア。そのうえ、あまり咲かない月錦の花を使った交配種は貴重。加えて赤いトリマネンシスはファンが多いので、人気が出るだろう。

通年、真みどりにはならず、形崩れしないところが好ましいエケベリアになりそうだ。紅葉時期は楽しませてもらえるに違いない。

E. 'Tsukinishiki'（月錦）詳細は不明。夏はみどりだが、冬になると葉が締まって真っ赤になり、リンゴのよう。光沢がある葉にはダニが付きやすい。

'Vincent Catto'
× 'Pinwheel'

ビンセント カトー
× ピンウィール

Echeveria 'Yousei' 妖精（ようせい） 命名：Naoyuki Hagane
Created by Machiko Kojima

ビンセント カトーの性質を受け継ぎ、小型で子吹きやすい。紅葉時にはエッジが出ることと、短く茎立ちするところはピンウィール。小型でぷっくりしていて、子吹きするさまはかわいいエケベリアだ。
いろいろなビンセント カトー交配の中では、これが一番特徴が出ていると思う。

どちらもオレンジで花先とラインが黄色だが、ビンセント カトーより花数が多い。

片親の E.'Vincent Catto'（ビンセント カトー）と花。小型で足許にどんどん子吹くかわいい品種。メキシコの高山植物のため、夏にたいへん弱い。

海外の生産者　Created by **Leo González**（レオ・ゴンザレス氏 スペイン）

優型種を組織培養（Tissue culture）でたくさん作ることも魅力的だが、新しい固体を作るには交配するしかない。
２種のエケベリアを交配するとどんな顔のハイブリッドが生まれるか、そのほうが数倍楽しみだ。

agavoides 'Ebony'
× 'Belle Etoile'

アガボイデス エボニー
× ベル エトワール

xichuensis
× agavoides 'Romeo'

クシクエンシス
× アガボイデス ロメオ

E.hyalina × E.Belle Etoile

E.simulans × E.longissima,Brachyantha

E.Joan Daniel × E.longissima,Brachy.

agavoides Ebony
× 'Belle Etoile'

アガボイデス エボニー
　　　× ベル エトワール

Graptveria 'Silver Star'
× hyalina

グラプトベリア シルバー スター
　　　× ヒアリナ

Graptveria 'Ruby star'
'Kougiyoku' 紅玉
naming by Naoyuki Hagane

Leo González

E.xichuensis × E.Painted Frills　　　*E.purpusorum（White）× E.longissima,Brachyantha*　　　*E.moranii × E.xichuensis*

ハイブリッドを作る最も簡単な方法は、オリジナル×オリジナルだ。ひとつのカプセルから数百の種子を入手できる。
しかし、よりユニークな植物を得るために、私はF2×F2とかF1×F2を実行しようとしたが、それらのほとんどは失敗してしまった。いくつかの種のみしか採取できなかったのである。
そこで私は、十分な種を手に入れる工夫をしました。最終的には選別して、葉ざしでクローンを作成する。選別とクローンを作るには時間がかかる。
満足のいくエケベリアができあがったときには、私のハイブリッドが、世界中の多肉植物ファンに愛されることを望んでいる。

hyalina
× uhlii

ヒアリナ
× ウリー

栽培＆写真　Naoyuki Hagane

E.hyalina × E.uhlii f.var.

ウリー寄りの花が咲く。

haibingeri sanchez mini form
× Calycosa（カリコサ）

'Yao Kuang' 瑤光

2016年に作った中から選別し、2019年に選抜したもの。
この E.haibingeri sanchez mini form の名前が何であるか確かでない。2020年ICNに登録する計画なのだが。
中国ではメキシコミニマと呼ばれている。

hyaline（ヒアリナ）
× 'Pinwheel'（ピンウィール）

'Crimson lotus' 緋蓮

E.halbingeri sanchez × E.longissima var. longissima（The original version）

E. Blue surprise × E. cuspidata var.gemmula

E. Mexico minima（halbingeri sanchez mini version）× E.strictiflora

Takahiro
Inokuma
猪熊隆裕
@schmitt_japan
（鍵アカウントのため許可制）
多肉歴5年
実生3年

　交配種を購入するより自分で作ったほうが効率的だと思ったとのこと。

　交配にはこだわりを持って、ひたすら自分の好みの株を目指すが、栽培についての細かいことはあまり気にせずとにかく作る。

　今回の協力者中、一番多肉歴が短いにもかかわらず、きゅうりの栽培技術を武器に、エケベリアも美しく作ってしまう。

　が、すべてきゅうり栽培の片手間。

　この本の中に、たびたび美しい写真をご提供いただきました。

大原　優

多肉歴11年
実生8年

　当時、読んでいたブログに触発され、交配をはじめる。

　家から離れたところにハウスがあるため、そのときに咲いているもの同志での交配を主としていて、逆交配も多い。

　できすぎると土に還し、あくまでも自分で管理できる量に留める。

　ある程度育つと親株をすこし残して手放してしまうことが多い。

　経験を糧に面白いエケベリアを探求中。

　交配を極めてほしいと願ってしまう。

Machiko
Kojima

多肉歴12年
実生5年

　小さなエケベリアがたくさん並んでいる光景に憧れて交配をはじめる。

　理想のエケベリアを目指して細かい作業も厭わず、何度でもチャレンジする。

　できてないかも～と思うと、花粉を2度付け、3度付け。

　大好きなアルバ系をひたすら作り続ける職人のような方。

　引っ越し目前で、一時的に場所が狭くなりそうですが、いずれハウスを建てることを画策中。

STAB BLUE
SHIZU

@stab_blue
多肉歴9年
実生4年

　住んでいる地域に欲しい多肉がなく、自分で作りはじめた。

　自分の好みを目指して交配するも、思うようにはいかないと感じている。

　現在、エケベリアは人に預けている。

　アガベや別の植物のみに関わり、多肉には手がまわらないためお休み中。

　時間をみつけて、ぽちぽちやって行こうと思っているところだそうです。

　また素敵な苗を作ってくださるのを待ちましょう。

多肉アン

多肉歴10年
実生6年

　ウチョウランの実生をしている方のブログ
を見て決心した。
　両親の中間くらいの顔が作りたいとイメー
ジするも思うようにならない。
　選抜して、こだわりのエケだけ育てて販売
もする。
　女子が好きそうな、色・形とも華やかなエ
ケを作る名手。
　現在下記のアドレスで「多肉アンショップ」
を開設。更新は不定期。
https://tanikuan.buyshop.jp/

はなりき

@henariki29
多肉歴9年
実生7年

　多肉かわいいよ～という同僚女子の言葉で、
ネットで検索したバラの花のようなエケベリ
アをひと目見てドはまり。
　多肉にはまった2012、13年当時は、通販も
2、3ヶ所で、人気のところは競争率が激しく
思うように手に入らない。ブログで知り合っ
た交配をしている人への協力だけではあきた
らず、自分ではじめてしまいました。
　いまでは当時より多数の多肉を所有するも、
手に入らなかった悔しさからか、多肉を探し
求める病は治りません。

Mutsumi
Hoshino
@seeding623
サクラ
多肉歴11年
実生4年

　素晴らしいエケベリアを手にいれても、一
期一会。
　もう一度逢いたい！と思い交配を選んだ。
きっかけをくれたストリクチリーガをこよなく
愛し、好きなタイプを目指して交配する。
　交配中の株の花茎が折れないように、水を
切り過ぎないのはコツだそうです。そのため
には、徒長も厭わず、できるだけ伸び伸び育
てて後に締める。
　実生しても手許に10株くらい残し、人にあ
げてしまう。

ゆきんこ

多肉歴6年
実生4年

　通販中心の購入方法では欲しいエケベリア
がまったく入手できず、よく遊びに行ってい
た多肉屋さんに「欲しいものは作るしかない
よ」とそそのかされ、「そうだ自分で作るしか
ない」と交配にチャレンジをはじめる。
　ほんわかした自らのイメージで、行き当た
りばったりに交配しているうちに場所がなく
なり、ハウスを作り足す羽目になってしまい
ました。
　いまではクオリティの高い苗の販売もでき
るほど。

サボテン相談室

オフイス＆エケベリア・ハオルシアの温室

〒374-0028　群馬県館林市千代田町4-23

東武線館林駅下車、徒歩5分　無休

E-mail（sabotensoudanshitsu@ybb.ne.jp）

ホームページ（http://www.sabotensoudan.jp）

ネットショップ（http://artheelab.shop-pro.jp/）

インスタグラム（@sabotensoudanshitsu）

オーナー羽兼が主催する

エケベリアのフェイスブックコミュニティ

（https://www.facebook.com/Echeveria-
Club-681995305153916/）

多肉植物（たにくしょくぶつ）

エケベリア ハイブリッド

監　修　羽兼直行（はがねなおゆき）
編集人　佐藤広野
発行人　杉原葉子
発　行　株式会社 コスミック出版
　　　　〒154-0002
　　　　東京都世田谷区下馬 6-15-4
　　　　代表　TEL.03（5432）7081
　　　　営業　TEL.03（5432）7084
　　　　　　　FAX.03（5432）7088
　　　　編集　TEL.03（5432）7086
　　　　　　　FAX.03（5432）7090
　　　　http://www.cosmicpub.com/